텐스토리 영어 훈련소
영문법도 훈련이다

영문법도 훈련이다 책은 동화책처럼 쉽게 만들었어요.

두세 번 읽기만 하면 초등학생 누구라도 저절로 깨우칠 수 있게 만들었으니
시간날 때 2-3번만 읽어 보세요. 기적이 일어날 거예요.

이해하기 힘든 교과서식 문법은 아이들을 고통받게 합니다.

유튜브 채널 : 텐스토리 영어훈련소를 검색 후 문법을 훈련 받으세요.

» 명사

명사는?　　　사람이나 사물을 가르키는 말이에요.

　　　　　　　friend(친구)　　Wooju(우주)　　computer(컴퓨터)　　teacher(선생님)

　　　　　　　book(책)　　　water(물)　　　love(사랑)　　　　justice(정의)

눈에 안보이는 것도 이름이 있으면 명사예요.

<u>대상의 특징을 가리켜 부르는말 Sister, Seoul 이나, 눈에 보이지 않는 time</u>

● 각 문장을 시작하는 단어의 첫글자 대문자를 써요.

● 고유명사의 첫글자 도시, 국가 이름, 언어 상표, 사람 이름 등이에요.

　학생, 책상, 의자 등 일반적인 사물은 대문자로 사용하지 않아요.

　명사가 한 개일 때는 대부분의 명사앞에 a를 붙여줘요.

　　　a house 집한채　　　　　a girl 여자 아이 한명　　　　　　　a bike 자전거 한 대.

　첫소리가 a. e. i. o. u 로 끝나면 an 을 붙여요.

　　　an apple 사과 한 개

형용사는?　　　명사를 꾸며주는 말이에요.

　　　　　　　book 책　　　➜　　　new(새로운) book

　　　　　　　그냥 책을 새로운 책으로 꾸며줘요.

　　　　　　　형용사는 끝에 ㄴ이 들어가요

<기억하세요>　pretty　예쁜　　　　good　좋은　　　　tall　키가 큰

　　　　　　　new　새로운　　　　sick　아픈　　　　happy　기쁜

동사는?　　　움직임이 있으면 동사예요.

　　　　　　　go　가다　　　come　오다　　　eat　먹다　　　swim　수영하다

　　　　　　　run　달리다　　like　좋아하다　　need　필요하다　　know　알

　　　　　　　다 등이 생각이 움직여도 동사예요

be동사　　　(~이다, ~이 있다)처럼 상황을 나타내는 것도 있고, 우리말로 ~다로 끝나요.

부사는?　　　명사만 빼면 다 꾸며줄 수 있어요.

　　　　　　　I eat a lot

　　　　　　　나는 많이 먹어요.　　　　lot 많이는 eat 먹다라는 동사를 꾸며줘요.

　　　　　　　He studies hard

　　　　　　　그는 열심히 공부해요.　　hard 열심히는 studies 공부하다라는 동사를 꾸며줘요.

» 명사 쓰임

주어는?　　　우리말로 은, 는, 이, 가로 끝나요

목적어는?　　우리말로 을, 를 로 끝나요

보어는?　　　대개 명사 + be동사 + 명사가 될 때 뒤에 명사는 보어가 되어요.

명사는?　　　영어문장에서 동사의 왼쪽 <주어> 또는 동사 오른쪽 <목적어, 보어>에 써요.

The man is a teacher.
그　남자 이다　선생님

You　　like　　the toy
너는　좋아한다　그 장난감을
주어　　　　　　목적어

영어에서 명사라는 말이 붙은 모든 말은 주어 + 목적어 + 보어로 쓰여요.

A is B에서 A는 주어이고 B는 보어입니다.

I　have a dream(꿈을)
주어　가지다　목적어

The baby(아기는) likes ice cream(아이스크림을)
　　주어　　　　　　　목적어

Mom cooked spaghetti
주어　　　　　목적어

Seocheon is a good place
　주어　　　　　　보어

» 명사 세기

<u>명사는?</u>   세어 봐서 두 개 이상이면 s나 es를 붙여요.

명사에 s를 붙이면 복수명사라고 해요 two dogs, ten stars

셀수 없는 명사에는 s를 붙이면 안돼요.

물 water   사랑 love   설탕 sugar   소금 salt

일정한 모양이 없거나 담는 용기에 따라 바뀌는 것들

a glass of water 물 한잔   two glasses of water 물 두잔 two cups of coffee 커피 두잔

loves(X)   waters(X)

<u>셀 수 없는 명사 중에</u> 케이크를 반으로 나누면 **a piece of cake**   케이크 한조각

two pieces of cake   케이크 두조각

명사 뒤에 s, x, ch, sh로 끝나면 명사 뒤에 es를 붙여요.

buses   foxes   watches   boxes

자음 다음에 y가 오면 y를 i로 고치고 es를 붙여요.

baby   –   babies   fly   –   flies

그러나 복수명사가 될 때 <u>모양이 아에 바뀌는 경우도</u> 있어요.

child 어린이 ➜   children   die 주사위   dice 주사위들

mouse 생쥐 ➜   mice   foot 발   feet 발들

<u>모양이 바뀌지 않는 경우.</u> fish 물고기 / fish 물고기들, sheep 양 / sheep 양들.

셀수 없는 명사에는 일정한 모양이 없어요.

셀수 있는 명사 o		셀수 없는 명사 x	
The <u>girl</u>	The <u>tiger</u>		
<u>Babies</u>	have <u>tails</u>	drinks <u>water</u>	news 뉴스
<u>Monkeys</u>	has a <u>tail</u>	like <u>milk</u>	beauty 아름다운

» 주격 대명사

주격 대명사는? 주어 자리에 오니까 우리말로 은, 는, 이, 가로 끝나요.

그리고 항상 대문자로 써요.

you는 단수형, 복수형이 같아요.

앞에서 나온 명사가 문장의 주어로 다시 나오면 대명사를 써요.

대명사가 주어 자리에 있으면 주격 대명사를 써요.

인칭 대명사 순서대로

▷ <u>주격</u>   <u>소유격</u>   <u>목적격</u>   <u>참고 하세요.</u>

1인칭	단수	I	my	me	3인칭	단수	남성	he	his	him
1인칭	복수	we	our	us	3인칭	단수	여성	she	her	her
2인칭	단수	you	your	you	3인칭	단수	중성[사물]	it	its	it
2인칭	복수	you	your	you	3인칭	복수	사람·사물	they	there	them

	단수		복수	
1인칭	I	나는	We	우리는
2인칭	you	너는	you	너희들은
3인칭	he she it	그는 그녀는 그것은	they	그들은 그것들은

The students likes Mary,   she is a very kind teacher.
　　　　　　　　　　　명사　주격대명사
Seojin reads the book,   it is very fun
　　　　　　　　　　명사　주격대명사

밑에 주격 대명사를 써보세요.

She helps the children (they) are poor   HyeBin likes Mary, (she) is pretty.
　　　　　　　　　　　　　　　　　　　　　　혜빈

I like the man, He is a new teacher

나는 그 남자가 좋아요 그는 새로운 선생님이에요.

» 목적격 대명사

목적격 대명사는? 목적어 자리에 오니까 우리말로 '을, 를'로 끝나는 말이에요.

　　　　　　　　you와 it은 주격과 목적격의 모양이 똑같아요.

● 앞 문장에서 나온 명사가 뒤 문장에서 동사 오른쪽 <목적어> 자리에 다시 나오면
　 목적격 대명사라고 해요.

Wooju like the teacher.
　우주　　　　　　　명사

Every likes him.
HyeBin enjoys the game.
Many students like it. 목적격 대명사

	단수		복수	
1인칭	me	나를	us	우리를
2인칭	you	너를	you	너희들은
3인칭	him her it	그를 그녀를 그것을	them	그들은 그것들은

앞 문장에서 나온 명사가 뒤 문장에서 목적어로 또 나와도 '목적격 대명사'라고 해요
we의 목적격은 us입니다.

목적격 대명사를 쓰세요.

Seojin loves HyeBin, He loves <her>
They like him and me, They like <us>
Seojin makes dolls, He makes <them>

» this, that 대명사 쓰이는 것

가까이에 있는 명사는 this, these
멀리있는 명사는 that those 를 사용해요.
명사가 복수일때는 this가 these로 that이 those로 바뀌어 사용해요.

밑에 this that these those를 자세히 관찰 후 써 넣어봐요.

> Those are Balls
> This is a dog
> These are computers
> That is a bird.

» 형용사의 쓰이는 곳

형용사는?　　　명사 앞에서 꾸며주거나, 동사 뒤에서 명사 <주어>를 설명해줘요.
　　　　　　　형용사가 명사 앞에서 꾸며 줄 때는 주로 우리말로 ~ㄴ이 들어가요.

예를 들어 He is a movie star 그는 영화 배우이다 라는 문장에서

movie star 영화배우를 꾸며주기 위해 필요한 것이 바로 형용사예요.

명사인 movie star 앞에 famous 유명한을 넣어주면, 유명한 영화배우 라는 것이돼요.

famous movie star	pretty girl	strong man	big dream
유명한 영화배우	예쁜 소녀	강한 남자	큰 꿈

ex)　It is a big dog.　　　　　그것은 큰 개다.

　　형용사 + 명사

　　The dog is big.　　　　　그 개는 크다.

　　dog를 big이라고 설명함

*명사 + be동사 + 형용사에서 형용사를 보어라고 해요.

　　The man is a doctor.　　　<명사 보어> man = doctor

　　The man is kind　　　　　<형용사 보어> man – kind라고 설명

형용사는?   형용사 + 명사 또는 명사 + be동사 + 형용사로 쓰여요.

형용사 보어는 <동사> 뒤에서 명사를 <주어>를 설명해요.

형용사가 명사 앞에서 꾸며줄 때는 주로 우리말로 (~ㄴ)이 들어가요.

The student is mad(화난)

That red car is nice.

» 관사도 형용사

a an the 다른점 <관사들>

a / an은 특정하지 않는 명사 앞에 붙이고 the는 특정한 명사 앞에 붙여요.

a는 자음소리 앞에 붙이고 an은 모음 소리 앞에 붙여요. a, e, i, o, u

ex) a car, a pen, an egg, an apple

첫 소리가 모음 a. e. i. o. u로 발음되는 명사 앞에는 a대신 an을 붙여요.

the 뒤에 자음이 오면 "더" 라고 읽고, 모음이 오면 "디" 라고 읽어요.

나라이름, 사람이름 같은 특별한 것을 가르키는 명사 앞에는 관사를 쓰지 않아요.

관사 a나 the 를 쓰지 않는 경우도 있어요.

우리가 매일먹는   breakfast   lunch   dinner   앞에는 관사를 쓰지 않아요.

I have lunch at 12.

호수, 다리, 공원, 항구, 역, 공항 이름에도 the를 붙이지 않아요.

Open the door please.

문 좀 열어주세요.

Wooju bought a pen, but she lost the pen

우주는 펜을 샀다, 그러나 그녀는 그 펜을 잃어버렸다.

말하는 사람들이 서로 아는 문이니 the 그 문으로 보는 거예요.

우주가 산 <특정한 펜> 그 펜을 잃어버렸으니 the pen이에요.

a/an the는 관사이지만, 관사도 명사 앞에서 명사를 꾸며주니까 형용사예요.

a/an은 하나라는 뜻도 있어요. 그냥 뜻을 해석 안해도 돼요.

the는 '그'라고 해석하는 경우가 많아요.

    an apple 사과   the apple 그 사과

밑에 관사를 써보세요.

    I bought <an> umbrella.

    Look! I like <the> tall man.

    I live in <X> America.

    I bought <a> pen, but I lost <the> pen.

    Close <the> window, please.

» 소유 형용사 쓰이는 곳

소유 형용사는? 명사의 주인이 생겼을 때, 붙이는 말이에요.

I have a pen,   It is my pen   ← 내 팬   < 내가 명사의 주인 >

He has a book, It is his book   ← 그의 책   < 그가 책의 주인 >

	단수		복수	
1인칭	my	나의	our	우리의
2인칭	your	너의	your	너희들의
3인칭	his	그의	their	그들의 그것들의
	her	그녀의		
	if	그것의		

소유 형용사는 ~의 라고 해석해요

소유 대명사는   mine 나의 것   yours 너의 것, 너희들의 것

                his   그의 것   hers 그녀의 것   theirs 그들의 것

명사 앞에 소유 형용사가 있으면 관사는 쓰지 않아요.

밑에 소유 형용사 확인하기

    You have a dog, it is <your> dog.

    We have robots, They are <our> robot.

    She has a cat, <her> cat is very cute.

    I have a nice bike, It is <mine>

    Thy have books, They are <their> books.

» 형용사 비교급

비교급은 A는 B보다 (더) ~하다. 라고 두 대상을 비교할 때 씁니다.
형용사 뒤에 er을 붙이는 경우와 형용사 앞에 more을 붙이는 경우
big처럼 모음 한 개 i + g 자음 한 개 나오면 똑같은 자음 하나를 더 써주고 bigger
happy처럼 자음+y가 나오면 y를 i로 바꾸고 er를 붙여줘요 happier
형용사 비교급 다음에는 than (~보다) 라는 말이 같이 나오면 비교급에서
형용사 길이가 짧으면 ~er을 붙이고 길면 more을 붙여줘요.
이건 거의 그렇다는 것이지 100%는 아닐 수 있어요.
2음절 형용사 일부나 3음절 이상의 형용사앞에 more를 써요.

암기하면 힘드니 각각의 경우를 이해하려 해주세요!
비교급 문장은 A + be동사 + 비교급 + than + B 형태로 나타내요.
<~er than → ~보다 더 ~하다> ≠ ~less than → ~보다 더 덜 ~하다

    Gyeong min is fat, Gyeong min is fatter.
     경민이는 뚱뚱하다   더 뚱뚱하다
The story is interesting. 그 이야기는 재미있다.
The story is more interesting
        형용사 비교급

	형용사	비교급
~er x, w, y	tall fast long big short slow hot	taller faster longer bigger shorter slower hotter
~ier	happy easy	happier easier
more	beautiful interesting	more beautiful more interesting

I am taller than you

Tuetles are <faster//slower> than rabbits.

Mary looks <happier> than Tom.

My watch is <older> than yours.

His car is <more expensive> than hers.

Math(수학) is <more difficult> than English.

The white dress is <more beautiful> than the blue one.

That was less expensive than this.

그것이 이것보다 덜 비쌌다.

This is bigger than mine.

이것이 내 것보다 더 크다.

» 형용사 최상급

형용사 뒤에 est를 붙이는 경우와, 형용사 앞에 most를 붙이는 경우가 있어요.

ex) 그는 빠르다   그는 더 빠르다   그는 가장 빠르다

He is tall   He is taller   He is tallest

그냥 형용사   형용사 비교급   형용사 최상급

비교급은 2개를 비교하고, 최상급은 3개 이상을 비교 하는 거예요

형용사의 최상급을 만드는 규칙은 비교급과 같아요.

최상급에서 형용사 길이가 짧으면 ~est를 붙이고 길면most를 붙여줘요.

최상급 앞에는 the가 많이 붙어요. 그러나 부사를 최상급으로 만들때는 the 안붙여요.

Wooju is the most beautiful girl in this place

Kyungmin is the smartest in this place

Seocheon is the smallest city here.

	형용사	비교급	최상급
er/est	small	smaller	smallest
ier	sad	sadder	saddest
iest	pretty	prettier	prettiest
more	famous	more famous	most famous

Wooju is the (tall) of the three

She is (the most famous) singer in Korea

This is (the most comfortable) chair of all

» 동사 종류

동사는?　　　　주어 다음에 오는 것이 동사인데 가장 기초적인 영어 동사는 3가지

　　　　　　　일반동사 와 be동사 · 조동사가 있어요.

일반 동사는 진짜 움직이는

run 뛰다	swim 수영하다	go 가다도 있지만
think 생각하다	guess 추측하다	
라는 말도 있어요.		

play game everyday

일반동사 는 be동사가 아닌 모든동사 예요.

be 동사는 am / are / is ~이다 ~이 있다 라고해요.

be 동사 다음에 오는 명사나 형용사는 앞에 있는 명사를 보충설명해주는 보어예요.

be 동사는 주어가 누구냐에 따라 형태가 바뀌어요.

조동사는 can · should · may · will 등이 있어요.

	단수 주어		be동사	
1인칭	I	나는	am	이다
2인칭	you	너는	are	이다
3인칭	he she	그는 그녀는	is	이다
	복수 주어		be동사	
1인칭	we	우리는	are	이다
2인칭	you	너희들은	are	이다
3인칭	They	그들은 그것들은	are	이다

I am Tall　　　you are Tall　　　she is Tall

동사는 (주어) 다음에 오는 말이니 꼭 am are is 도 be동사이니, 동사가 겹치면 절대로 안되겠죠?

　　He bought a cake　　　　　/ Wooju helps her mother

　　That is a very big monster　　/ I thought(생각했다) her

　　These are excellent(뛰어난)　computers

» 동사와 목적어

자동사 타동사 구별은?

우리말로 ~을, ~를 이 들어가는지 확인해 보세요.

~을, ~를 이 들어가면 타 동사 예요.

ex) like는 ~을 ~를 좋아하다 이니 타 동사 이고, run은 ~을 뛰다가 아니고 그냥 뛰다 이니 자동사,

또 뒤에 목적어가 나오면 타동사이고, 목적어가 안나오면 자동사 예요.

자동사 다음에는 목적어가 안나오고 형용사나 전치사가 많이와요.

타동사 + 목적어

I made a toy 목적어 <명사>

자동사 + 목적어 안나옴

She looks happy (형용사)

Fish live in(전치사) the sea

Birds fly in(전치사) the sky

밑에 동사와 타동사 확인하기

I saw(타) you yesterday

I went(자) to the E mart

He enjoys(타) the computer game

He ran(자) in the playground

» 현재동사와 과거동사

과거(지난일)	현재(습관적으로 하는 일들)
~ed, was, were	동사원형 am, are, is

지금 막 하는 일은 <u>습관적이여도</u>, 현재동사를 쓰지 말고 ing <u>현재 진행형</u>을 써요.

주어가 3인칭 단수 < 너와 나를 뺀 나머지 he she it 은 현재 동사에 무조건 ~s, ~es, ies를 붙이세요.

밑에 동사를 보고 알맞게 넣어보세요.

Wooju (gets up) at 7:00 every morning   <get up>
I eat breakfast   <eat>
She eats breakfast   <eat>
She was very sick yesterday, but she is okay now (be) am are is
I went (go) to E mart yesterday
I liked you, but I don't like you

be동사 과거	was 단수	were복수	
일반동사 과거 규칙	walked	liked	studied
일반동사 과거 불규칙동사	went 갔다 go	slept 잤다 sleep	swam 수영했다 swim

~s eats reads   ex) he eats dinner
~es washes, watches   ex) he watches TV
~ies studies, cries, Wooju studies English

» be동사로 문장 만들기

물어보는 것이 의문문이며, be동사를 맨 앞으로 보내고 아니라고 하는
부정문은 be동사 뒤에 not 만 붙여요.
   Wooju is my friend!

Wooju is not my friend

Is Wooju my friend?

| is not | > | isn't | was not | > | wasn't |
| are not | > | aren't | were not | > | were't |

» 의문사

5W + 1H = Who, When, Where, What, Why, How 가 있으면 의문사를 맨 앞으로 보내요.

what are you doing?

where are you going?

where is she?

be동사가 있는 문장에서 의문문을 만들려면 be동사를 맨 앞으로 보내요.

be동사가 있는 문장에서 부정문을 만들려면 be동사 뒤에 not을 붙여요.

Wooju is very kind

Wooju is not very kind

This is a desk.

Is this a desk?

» 일반 동사로 문장 만들기

- 의문문은 do를 주어 앞에 쓰고, 부정문은 일반동사 앞에 do not을 붙여요.
- do 동사 뒤에는 무조건 동사의 원형이 와야되요.
- 주어가 3인칭 단수인 경우에는 do 대신 does 를 쓰고 과거형인 경우는 did를 써요.

We live in Janghang <seocheon>	우리는 장항 살아요.
Do we live Janghang?	우리는 장항 사니?
She runs on the play ground	그녀는 운동장을 뛰어요.
Does she run on the play ground	그녀는 운동장을 뛰니?

<5W, 1H> = Who, When, Where, What, Why, How 가 있으면 의문사를 맨 앞으로 보내요.

<의문사> (의문사 + 동사 + 주어) 의문사 어순이에요.

Who 의 소유격은 whose이며, 목적격은 whom이에요. <u>Who 는 3인칭 단수 취급을 받아요.</u>

what do you do?

where does she live?

의문문, 부정문, 과거일 때 3인칭 동사 에는 ~s 안붙어요.

밑에 문장 바꿔보기

She has a good teacher.		그녀는 좋은 선생님이다.
She doesn't have a good teacher.		(has가 have로 바뀜)
WooJu lives in seocheon.	의문문으로 ➜	<u>Dose</u> WooJu live in seocheon
The man went to America!	의문문으로 ➜	Did the man go to America?
the dog found its house	<부정문과 줄임말>	
the dog didn't find its house		

» 부사의 쓰임

부사를 만드는 법은 형용사 + ly를 붙이면 돼요.

<u>형용사는 해석할 때 빠른, 나쁜 주의깊은, ~은, 는 으로 해석하지만 ly가 붙으면 ~하게로 돼요</u>

형용사 y로 끝날 때 ily 로 붙여줘요. happy ➜ happyily

형용사 le 로 끝날 때 e 를 빼고 ly를 붙여요. gentle ➜ gently

형용사 ll로 끝날 때 lly / full ➜ fully / ue 로 끝날 때 uly 로 true ➜ truly 로 붙여요.

부사는 우리말로 대개 ~하게로 끝나는게 많아요. nicely 멋지게, strongly 강하게

부사는 <u>명사만 빼고 다 꾸며줄수 있어요.</u>

- 동사를 꾸며주는 부사

  She walked quickly.   그녀는 빠르게 걸었다.

- 형용사를 꾸며주는 부사

  She is very happy.   그녀는 매우 행복해.

- 다른 부사를 꾸며주는 부사가 있다.

  They travel really often.   그는 진짜 자주 여행한다.

- 다른 부사를 꾸며주는 부사가 있다.

  They travel really often.   그는 진짜 자주 여행한다.

- 문장 전체를 꾸며주는 부사도 있다.

  Happily, he won the sports.   행복하게도, 그가 그 스포츠에서 우승했다.

주로 형용사에 ly가 붙으면 부사가 되어요.
<u>주로이지</u> 100%는 아니에요

ex) kind   + ly   friend   + ly

   형용사   + ly = 부사   명사   + ly = 형용사

부사는 동사, 형용사, 다른 부사, 문장 전체를 꾸며줘요.

   Wooju answered rudely

   우주는 무례하게 대답했다.

   The girl answered rudely

   그 소녀는 무례하게 대답했다.

   Fortunately, <u>she passed the exam.</u>
      운좋게도   시험

   Wooju speaks English very well.

   Wooju was very foolish(어리석은)

» 유도부사

문장 맨앞에 there은 **거기에** 라는 뜻이고 유도부사예요.

          I went there. 나는 거기에 갔다.
맨앞에 있지만, 주어는 아니고 주어는 동사 뒤에 와요.

   There is an apple on the table.   There are many books one the table.

   테이블에 사과 한 개가 있다.   거기에 많은 책들이 테이블 위에 있다.

There은 거의 한 개만 해석하지 않고 There + be동사 ~이, ~가 있다로 해석해요.
be동사는 뒤에 주어에 따라 바뀌는데 단수면 is 복수면 are를 꼭 사용해야 해요.
There 다음에 주로 be동사가 오지만, 일반 동사를 사용할 때도 있어요.

There lived a king named David.

거기에 데이빗이라는 이름에 왕이 살았다.

밑줄에 맞는 동사를 적으세요.

There is a lot of dogs there.

There is a dog there.

There is an apple.

There are butterflies.

Are there butterfulies there?

There is a hole in my jeans(청바지)

» 빈도부사 위치 확인하기

빈도부사는 같은일이 얼마나 자주 반복 되는지 표현되는 부사예요.

never	sometimes	often	usually	always
절대 ~ 않다	때때로, 가끔	종종	대개	항상

횟수를 알려주는 빈도부사는 be 동사와 조동사 뒤 일반동사 앞에와요.

How often do you go shopping.

I sometimes go shopping   I often go shopping.

나는 때때로 쇼핑해요.   나는 종종 쇼핑을 해요.

be 동사 뒤에 not이 있으면 빈도부사는 not 뒤에 와요.

How often are you sick?   I am never (sick) happy.   I'm always (sick) happy.

얼마나 자주 아파요?   나는 전혀 아프지 않아요.   나는 항상 아파요.

He's always later for school.

그는 학교에 늘 지각한다.

I eat always breakfast.

you never eat breakfast.

I am always not sad.

I am not always sad.

» 전치사 + 장소부사

to, at, on, in 과 같은 전치사 다음에 장소를 나타내는
명사가오면 앞 말을 꾸며주는 부사 역할을 해줘요.

전치사+장소는 우리말로 ~에, ~에서, 라는 뜻이에요.

to : ~ 향해   (구체적) 어떤 장소로 움직임이에요.

I went to the river 나는 강에 갔다.

at : 딱 한곳 [움직임이 없어요]   We stayed at home 우리는 집에 머물었다.

at : 좁은 장소를 뜻해요.   We met him at the resturant.

우리는 그 음식점에서 그를 만났다.

in : ~ 안에 [보통 넓은 곳을 말해요]   He is in seochen 그는 서천에 있어요.

정확한 곳이 아닌 서천 어딘가에 있는 것을 말해요.

on : ~ 위에   Lots of snow was on the earth

[어디와 접촉이 되어 있을 때 표현해요] 눈이 지표면 위에 있다.

★ 눈이 지표면과 딱 붙어있다는 거에요.   He put the cup on the table

그가 탁자 위에 컵을 놓았다.

컵과 탁자가 딱 붙어있다는 얘기에요.

from : ~ 에서 <출처>	I am from seochen
	나는 서천에서 왔어요.
for : ~ 향해 <포괄적>	I take the train for seochen
	나는 서천 방면의 기차를 타요.
across : 가로질러	어느 곳을 딱 잘라 지나갈 때 표현해요.
	I walk across the river
	나는 강을 가로질러 가요.
through : 뚫고 지나갈 때	어느 장소, 물체가 정중앙을 뚫고 지날때 표현해요.
	I brive through the tunnel
	나는 운전을 터널을 뚫고 지나감.
into : ~ 안에	The dog come into the room.
	그 강아지가 방 안에 들어옴.
out : ~밖에	The dog go out of the room.
	그 강아지가 방 밖으로 따라옴.
aiong : ~ 따라서	I walk along the river.
	나는 강 옆을 따라감.
beneath : ~ 아래. (접촉) ~ 밑에.	The earth lay beneath a blanket of snow.
	땅이 눈이 내리는 지표면 밑에 있다.
between : ~ 사이에	It's cheaper between 6pm and 8pm.
	오후 8시 ~ 오전 6시 사이에 저렴.
	양쪽에 하나씩 있을 때 사이에 있는 것을 뜻해요.

over : ~ 위에   under : ~ 의 아래에

beside / by ~ 옆에   near 근처에

@ 여기서 중요한 포인트 : into와 through 다른 점 꼭 기억하세요.

             into는 ~속에 들어오면 끝나는데

             through는 뚫고 나와야 끝이 나는거예요.

to+장소는 움직임 있고,   at+장소는 움직임 없어요.

at+장소는 작은 장소이며, in+장소는 넓은 장소예요.

» 전치사 <시간> 때,

for :   다음에 숫자가 나오면 ~동안 이라는 뜻이에요.

until :   ~ 할 때까지

                        I was waiting until the came.

                        나는 그가 올 때까지 기다리고 있었다.

while :   ~하는 동안

                        while I was away , someone called me.

                        내가 없는 동안 누군가가 나에게 전화를 했다.

as soon as :   ~하자마자

                        as soon as I came home it rained.

                        집에 오자마자 비가 내렸다.

in > 하루 :   <u>월 이상의 시간들이나, 월, 계절, 연도 또는 하루의 어느 때를 표현할 때</u> 사용해요.

                        in the morning 아침에   in January 1월에

                        in the Summer 여름에   in 1999 1999년에

on = 하루 :   특정한 날이나, 날짜, 요일을 표현해요.

                        <u>on Friday 금요일에</u>

                        see you on Sunday, see you on my birthday.

at < 하루 :   <u>어떤 일이 있는 정확한 시간이나, 몇시 정각을 나타낼 때</u> 사용해요. at 6 여섯시

                        at this time last year   at this time next year.

                        작년 이맘 때...   내년 이맘 때.

<u>for</u>   <u>얼마나 오래 지속되고 있는지</u>를 나타내는데

                        <u>대략 How long?</u> 에 대한 대답할 때 사용하면 돼요.

- <u>~동안의 뜻을 가진 전치사는 for + 숫자 사용하고</u> and

- <u>during+특정사건은 특정기간 중 어느 딱 그 시점을 가르킬때</u> 사용해요.

  ~에, ~때라고 사용해요.

- I met him during my stay in Seochen.

  나는 서천에 머무는 동안 그를 만났다.

- My father was in hospital for six weeks.

  나의 아버지는 6주동안 병원에 계셨어.

동사로 명사 만들어보기

동사 끝에 e가 있으면 e를 빼고 ing 붙여요.
동 명사는 우리말로 ~<하는> 것 이라고 보면 돼요.
동사를 명사로 만든다 해서, 앞글자 따서 동. 명사라고 해요.
동사 끝에 모음, 자음이 있으면 끝 자음 하나 더 써주고 ing을 붙여요.

study　　　　　　　→　studying

공부하다 <동사>　　　　공부하는 것 <명사>

become　　　　　　→　becoming

해지다　　　　　　　　~해 지는 것

동명사는 동사가 명사로 변한 것이요. ing이 붙어요.
앞모습은 동사인데, 뒤에 ing이란 꼬리를 달고 있어요.

동명사를 만드는 세 가지 방법

go　　　　+ ing　　= going

eat　　　　+ ing　　= eating

rain　　　+ ing　　= raining

spe　　　+ ing　　= speaking

dance　　+ ing　　= dancing

come　　+ ing　　= coming

run　　　+ ing　　= running

제일 중요한 것 : 동명사 활용 <어떻게 사용할까요?>

① 동사와 동사를 함께 쓸 수 없어서 그래서,

　finish 끝내다 + eat 먹다　　　➡　　I finished eating.
　　　　　　　　　　　　　　　　　　　나는 다 먹었다.

　이렇게 바꿔서 사용해요.

　stop 멈추다 + rain 비가 오다　➡　　It stops raining.
　　　　　　　　　　　　　　　　　　　비가 그쳤다

　like 좋아하다 + dance 춤추다　➡　　I like dancing.
　　　　　　　　　　　　　　　　　　　나는 춤추는 것 좋아해.

② at, of 등 전치사 뒤에는 명사가 와야하기 때문에

at + speak   ➡   he is good at speaking.

                                                 그는 영어를 잘해요.

without + stop   ➡   I ran without stopping for breath.

                                                   나는 숨도 쉬지 않고 달렸어요.

③ 동사가 주어 자리를 차지 하려 할 때는

eating is my hobby.   studying is my destiny.

먹는 것이 나의 취미이다.   공부 하는 것 나의 운명입니다.

위에 처럼 동명사는 ~<하는> 것으로 해석해요.

④ 똑같은데 뜻이 달라질 때

stop   → I stopped to eat.   나는 먹기 위해 멈췄다.

            → I stopped eating.   나는 먹는 것을 멈췄다.

try   → I tried to eat.   나는 먹기 위해 노력했다.

            → I tried eating it.   나는 그것을 먹어 봤다.

1. It is raining.   ➡   is가 있으니 be동사 현재진행형

2. It stops raining.   ⬅   동명사 stop 뒤에 동사

동명사가 주어로 오면, 주어를 단수로 취급해요.

Telling a lie is wrong.

거짓말 하는 것은 잘못된 것이다.

My plan is going to American next year.

나의 계획은 내년에 미국에 가는 것이다.

Being a liar is bad.

거짓말쟁이인 것은 나쁘다.   이다 / 인 것

주어 역할을 하는 동명사 다음에 명사가 또 나올수도 있어요.

동명사는 명사로 바뀌었지만, 처음에는 "동사" 여서 뒤에 명사가 올 수 있어요.

Studying English is very fun.

영어를 공부하는 것은 매우 재미있어요.

동명사 다음에 꼭 명사가 오는 것은 아니예요.

Swimming is fun.

수영하는 것은 재미있다.

목적어 자리에 있는 동명사 + 명사

I like eating pizza.

나는 피자 먹는 것을 좋아한다.

I like skating.

나는 스케이트 타는 것을 좋아한다.

» 동사 to 붙여서 명사 만들기

to+동사가 명사로 바뀌면 to 부정사라고 해요.
to+동사에서 동사는 반드시 동사의 원형이여야 해요.
동사에 아무것도 붙이면 안돼요.
동사 앞에 to를 붙여도 동사에서 명사로 바뀌어요.

swim   →   to swim 동사원형

수영하다 <동사>   수영하는 것 <명사>

to부정사는 뭐로 바뀔지 정해진게 없다는 뜻이에요.

I like to eat icecream.

나는 아이스크림을 먹는 것을 좋아한다.

to 부정사가 목적어 <명사>로 쓰였어요.

My dream is to speak English well.

나의 꿈은 영어로 말을 잘하는 것이에요.

- WooJu likes to drink water.　　목적어

- To see is to believe.

  (주어) 보는 것이 (보어) 믿는 것이다.

  I promised to help her.

  나는 약속했다. 그녀를 돕는 것을.

동명사는 과거, to 부정사는 미래의 의미가 있어요.
동사에 따라서 목적어에 동사가 올지 to부정사가 올지 판단돼요.

to 부정사는 명사 자리에 있으면 명사로 쓰이고,
형용사 자리에 있으면 형용사로 쓰이고,
부사 자리에 있으면 부사로 쓰여요.

To study is important.　　　　　공부하기, 는 중요해요.
　명사　동사　형용사

My plan is to study.　　　　　내 계획은 "공부하기" 다.
명사 동사　　　명사

I　want to study.　　　　　　　나는 공부하기, 를 원해.
명사 동사　　　명사

It　 is time to study.　　　　　공부할 시간이다.
명사동사 명사　　형용사

I　have a book to study.　　　나는 공부할 책을 가지고 있어요.
명사동사관사 명사　　형용사

동사 want와 like는 to 부정사와 친구예요.
I want to go. I want to study.
I want to be a teacher.
I want to play soccer.
I like icecream은 나는 아이스크림을 좋아해.
I like to sing은 노래하는 것을 좋아해.

보어역할　　　 seeing is believing.　　　　My hobby is playing the violin.

　　　　　　　　보는 것이 믿는 것이다.　　　　나의 취미는 바이올린을 연주하는 것이다.

주어역할   Taking a walk is good exercise.

걷는 것이 좋은 운동이다.

● 목적어로 동명사만 사용하는 동사

mind 꺼리다   enjoy 즐기다   give up 포기하다   finish 끝내다   avoid 피하다

등등 과거에 했던 것을 표현해요.

I enjoyed swimming.   he enjoyed going.

● 목적어로 to부정사만 써야 할 때, 동사

want 원하다   plan 계획하다   hope 희망하다   expect 기대하다

등등 미래에 관련 동사

I planned to go to America.

I planned to visit to America.

기본적으로 동명사는 과거, to부정사는 미래의 의미예요.

둘 다 쓸 수 있는 동사는 :   love 사랑하다. like 좋아하다.

hate 싫어하다. start 시작하다.

begin 시작하다. 등

I love making friends.

● 동사에 따라서 목적에 동명사가 올지 to부정사가 올지 결정돼요.

You need to start to exercise for your health.

너도 너의 건강을 위해서 운동을 시작해야 한다.

» 동사로 형용사 만들기

과거 분사는 항상 동사 -ed만 붙는 것이 아니라,

모양이 다르게 바뀌는 것이 있어요.

이런 것을 불규칙 동사라고 해요.

ex) go →   went →   gone 가다

현재	과거	과거분사	
swim	swam	swum	수영하다
eat	ate	eaten	먹다
drink	drank	drunk	마시다
break	broke	broken	깨다
write	wrote	written	쓰다

현재 동사	과거 동사	과거 분사
be	was / were	been
beat	beat	beaten
become	became	become
begin	began	begun
bend	bent	bent
bet	bet	bet
bite	bit	bitten
blow	blew	blown
break	broke	broken
bring	brought	brought
broadcast	broadcast	broadcast
build	built	built
burst	burst	burst
buy	bough	bough
catch	caught	caught
choose	chose	chosen
come	came	come
cost	cost	cost
creep	crept	crept
cut	cut	cut
deal	dealt	dealt
dig	dug	dug
do	did	done
draw	drew	drawn
drink	drank	drunk
drive	drove	driven
eat	ate	eaten
fall	fell	fallen

현재 동사	과거 동사	과거 분사
hold	held	held
hurt	hurt	hurt
keep	kept	kept
kneel	knelt	knelt
know	knew	known
lay	laid	laid
leave	left	left
lend	lent	lent
let	let	let
lie	lay	lain
light	lit / lighted	lit / lighted
lose	lost	lost
make	made	made
mean	meant	meant
meet	met	met
pay	paid	paid
put	put	put
quit	quit	quit
reed	read/red	read/red
ride	rode	ridden
ring	rang	rung
rise	rose	risen
run	ran	run
say	said	said
see	saw	seen
seek	sought	sought
sell	sold	sold

» 동명사가 무엇이고 현재분사가 무엇인가요?

study   studying   studied
공부하다 <동사>   공부하는 <형용사> 공부되는 <형용사>

현재 분사는 :   동사 + ing :   스스로 하는 것이고, 진행을 뜻해요.

                 I know the studying boy.

                 나는 공부하고 있는 그 소년을 말한다.

과거 분사 :   동사+ed :   무엇에 의한 행위되고 있는 것, 완료됨, 끝난 것이라는 뜻이에요.

                 The subjects studied in the school are useful.

                 학교에서 공부되고 있는 과목들은 유용해요.

                 과거 분사 중에 ed로 끝나지 않은 것은 과거 분사라고 해요.

동사 + ing   능동태   -   진행형   -   현재분사라고 해요.

동사 + ed   수동태   -   완료형   -   과거분사라고 해요.

ex)   ➡   I watch a movie.

                 나는 영화를 본다.

   과거   I was watching a movie.

                 나는 영화를 보던 중이었다.

   현재진행   I am watching a movie.

                 나는 영화를 보는 중이다.

   미래 진행형   I will be watching a movie.

                 나는 영화를 보는 중일 것이다.

즉 문장에서 명사 역할을 하면 동명사이고, 형용사 역할을 하면 현재분사예요.

동사에 ing이 붙이면, 동사가 아니예요.

현재분사가 형용사 역할을 하는 때는 명사를 꾸며주거나 설명을 해줘요.

우리말로 ~ㄴ이 들어가요.

         That sleeping man is my brother.

         저 잠자는 남자는 나의 형이야.

» 분사와 명사

거의 surprised 같은 감정을 표현하는 단어는 사람과 함께 쓰일 때는 과거분사로 쓰고,
<u>사물과 함께 쓰일 때는 현재분사</u>를 써요.

ex) <u>Surprised</u> girl.

Surprising news.

※ 분사는 꼬리가 없으면 앞에서 꾸며주고,
<u>꼬리가 있으면 뒤에서 꾸며줘요.</u>

보통 분사는 명사 앞에 쓰고, 꼬리가 붙으면 명사 뒤에 써요.
꼬리 수식어는 보통 전치사 + 명사인 경우가 많아요.
꾸밈을 받는 명사는 <명사> 쓰고, 분사에는 분사 종류를 쓰세요.

ex) That is shocking news.

　　현재분사　명사

The surprised man didn't say anything.

　　과거분사　명사

I saw Mickey driving.

나는 보았다 미키가 운전하는 것을 (현재분사)

The swimming girl is my cousin.

수영하고 있는 소녀는 내 사촌이다.

The <u>girl</u> swimming in the pool is my cousin.

수영장에서 수영하고 있는 소녀는 내 사촌이다.

» 동사에 to 붙여서 형용사 만들기

동사를 형용사로 만들려면, 동사 앞에 to를 붙이면 동사에서 형용사로 돼요.

ex) study 공부하다 → to study 공부하는

　　형용사로 바뀌면 반드시 앞에 명사가 있어요.

● 꼬리표를 붙여서 형용사 만들기
● 명사 꼬리표는 < in · on · at 등과 같은 전치사> 를 붙여서 형용사를 만들어요.
　이것을 "전치사구" 라고 해요.
● 형용사는 명사와 가장 가까운 곳에서 명사의 모양, 색깔, 성질, 크기, 개수, 위치, 상황
　등을 자세히 꾸며주는 말이에요.

ex) sad boy 슬픈 소년, small watch 작은 시계 등등

　　I saw a man. + at the door

　　나는 (문 앞에 있는) 남자를 보았다.

　　이때 명사인 man을 at the door가 꾸며주므로 형용사 역할을 했다고 하는 것이에요.

　　I ran to the bank. + oppsite the hotel.

　　나는 호텔 맞은 편에 있는 은행으로 뛰어갔다.

　　It tastes like an apple.

　　그것은 사과 같은 맛이 났다.

　　I have homework to do.

　　할 숙제

» be+to부정사

be+to는 5가지 뜻을 가지고 있어요.

1. 할거야   2. 해야해   3. 하려면   4. 할 수 있어   5. 운명이야

to부정사 이외의 원형 부정사가 있던데
to가 없어도 부정사예요.
보고 see, 듣고 haer, 냄새 맡고 smell, 맛보고 taste, 느끼는 feel
동사 <지각동사> 뒤에 올 때예요.

ex) I saw him study.

나는 봤다 그를 공부하다

얼핏 보면 두 개가 동사 같지만, 아니에요.

나는 그가 공부하는 걸 봤어. 라고 해요.

<saw> see 지각동사는 to가 없어요.

부정사 역할을 해요.

I heard him sing.

나는 그가 노래하는 걸 들었어.

» 조동사

조동사는 문장에서 단독으로 쓰이지 않고, 동사원형과 같이 써요.
그리고 동사 앞에서 동사를 새로운 뜻을 더해줘요.
먹다 는 동사이고, 먹을 수 있다는 동사와 조동사가 합해진 말이에요.

조동사는요?   can   may   will   must   should   등
조동사 뒤는 꼭 동사원형이 나와요.

can   +   ➔ 맞아요.
can   +   studies 나   studied 나   studying   ➔ 안돼요.
평서문 You will go home.
의문문 Will you go home? 조동사를 주어 앞으로 보내줘요.
부정문 You will not go home. 조동사 뒤에 not를 붙여요.

고쳐 보세요. 밑줄 긋고.
He can plays the piano? (X)
You must not eat. (O)

» 조동사 will은 ~할 것이다.

- will ~할 것이다.   +   study 공부하다.
  공부할 것이다.
- will not ~하지 않을 것이다.   +   study 공부하다.
  공부하지 않을 것이다.

will은 자신이 하고자 하는 생각이 있고, 미래도 표현돼요.
- I will be good later.   나는 나중에 좋을 것이다.   ➔ 미래
  I will be good.   나는 괜찮을 거야.   ➔ 생각으로 표현
할 것이다 will ~ be going to <~할 예정이다> 둘 다 비슷한 표현할 수 있어요.

» 조동사 must 꼭 ~해야 한다. 라는 뜻이 있어요. ~임에 틀림없다.

msut ~해야 한다.   + fight 싸우다.

싸워야 한다.

must not ~해서는 안 된다.   + fight 싸우다.

싸워서는 안 된다.

ought to가 있어요.

must not도 사용하지만 do not have to

"~할 필요가 없다."를 많이 써요.

must의 과거형은 없어요.   have to 과거 had to인데

must이 과거형으로 had to를 사용해도 표현 가능해요.

» 조동사 may는 "~할지도 모른다."의 뜻이에요. "해도 좋다"의 뜻

may(조동사)	~할지도 모른다.	+ go(동사) 가다.
	갈지도 모른다.	
may not	~하지 않을지도 모른다.	+ go 가다.
	가지 않을지도 모른다.	
	may not은 줄여서 쓰면 안되고,	may의 과거형은 might
can ~할 수 있다.	줄임말은 can't예요.	can의 과거형은 could 예요.
	be able to와 같은 뜻이에요.	
can not 또 다른 뜻	~일 리가 없다 의 뜻 도 있어요.	

» 동사에 to를 붙여서 부사 만들기

to 부정사는 부사로 바꿀 수 있어요.
to 부정사는 ~하기 위해서 라는 뜻으로 많이 사용돼요.

study 공부하다.   +   to study 공부하기 위해서   또는 공부하는 것

use 사용하다.   +   to use 사용하기 위해

The pen is very good to use.

그 팬은 사용하기에 매우 좋다.

» to부정사의 동사 꾸미기

to 부정사는 해석을 외우지 말고, 문장에서 읽어보면 자연스럽게
해석되니, 터득하세요.

사람의 감정을 나타내는 동사 뒤에 오면 "~해서"로 해석해요.
They laughed to hear the funny voice.

그들은 그 재미있는 목소리를 듣고서 웃었다.

I study hard to pass the exam.
나는 공부 한다 / 열심히 / 통과하기 위해서 / 시험에

» to부정사가 형용사를 꾸며주면 대개
~하기에, ~해서 라고 해석돼요.

감정을 나타내는 말이 동사이든, 형용사이든 관계 없어요.
어떤 결정을 내려야 할 경우는 "~하는 것을 보니" 라고 해석해요.
He must be honest to say so.
그는 그렇게 말하는 걸 보니 정직한 것이 틀림없다.

This water is not good to drink.
이 물을 마시기에 좋지 않다.

사람의 감정을 나타내는 형용사 뒤에 to부정사가 올 때는 "~해서"라고 해석돼요.
I am happy to see you again.
다시 너를 보게 되어서 행복하다.

어떤 판단을 내리는 경우는 "~하는 것을 보니"라고 해석돼요.
I am glad to see you. 보게 되어서
The phone is easy to use. 사용하기에
I am tired to do the work. 하기에

» to부정사가 부사를 꾸며주면 대개
원인과 결과의 의미로 해석되고

"~해서, ~하기 위해서, ~하다, ~했지만"으로 해석돼요.

He did him best, only to fail in the exam.

그는 최선을 다했지만, 결국 시험에 실패했다.

I got a plastic surgery to pretty.

나 예뻐지려고 성형 수술했어.

He went to america, never to return.

그는 미국에 가서 결코 돌아오지 못 했다.

She grow up to be a nurse.

그녀는 자라서 간호사가 되었다.

I was delighted to pass the examiantion.

나는 시험에 통과해서 아주 기뻤다.

"~해서, ~하게 되어" : 원인

주로 "감정"을 나타내며 형용사 (happy, sorry, glad) 등 함께 쓰일 때가 많아요.

I'm really happy to be with you.

나는 너와 함께 있어서 정말 행복해.

» to부정사의 문장 전체는 to가 처음에 나오는 독립 부정사

To tell the truth, I like you.

진실을 말하면, 나는 너를 좋아해.

독립 부정사는 문장 맨 앞에 나오지만 중간이나 맨 뒤 나올 수도 있어요.

To be honest, I don't think you can do it.

솔직히 네가 할 수 있다고, 생각하지 않는다.

The dog is, so to speak, a member of the family.

그 개는, 말하자면 한식구나 마찬가지다.

독립 부정사 다음에는 꼭, "콤마"를 찍어요.

Strange to say, he likes you.

이상한 말이지만, 그는 나를 좋아해.

● 접속사는 앞, 뒤를 접속 <연결> 해준다는 뜻이 예요.

- 주어와 동사를 that 접속사로 묶어 주면 명사가 돼요.

- 접속사 + 주어 + 동사가 주어, 목적어, 보어로 쓰이면 명사절이 돼요.

I smiled.	내가 미소지었다.	that I smiled.	내가 미소지었던 것.
주어동사		접속사주어 동사	

I know that he is rich.

I don't know that you need.

I know that he is rich.

I don't know that you need.

I think that he can do it.

He is smart.   that he is smart.   그가 똑똑하다는 것

주어 동사가 하나로 묶여져서 명사로 쓰이니, 명사절이에요.

의문사는 대개 wh-로 시작하며 who, when, where, what, why, how가 있어요.
how는 "어떻게" 이지만 ~하는 방법이 더 잘 쓰여요.
what은 "무엇"이지만 ~한 것으로 더 잘 쓰여요.

What I saw surprised me.   내가 본 것은 나를 놀라게 했다.
　　주어 명사절　동사　목적어

She asked me how I got there.   그녀는 내가 거기에 도착한 방법을 물었다.
I read 나는 읽었다.   what I read 내가 읽은 것 <명사>

my birthday is   when my birthday is
내 생일이다.   내 생일이 언제인지 <명사로 쓰임>

의문사

I don't know what time she'll be finished.

그녀가 몇 시 에 끝날지 나는 몰라.

If는 **만약** ~라면 뜻이 되고
if나 whether는 ~인지 아닌지 라는 뜻이에요.

I don't know if you want to eat.   <여러 단어가 하나의 목적어 역할>
　주어　동사　　　　목적어

Whether you like me or not.

니가 나를 좋아하는지 안 좋아 하는지.

I wonder if Tom likes me or not.

나는 궁금해 탐이 나를 좋아하는지 안 좋아하는지.

<u>if는 주어로 쓰이진 않아요.</u>

Whether you succeed or not will be up to you.

네가 성공하든지 아닌지는 네가 달려있다.

I doubt whether she will work.

나는 그녀가 일을 할지 의심스러워.

» 진짜 주어가 문장 중간에 원래 자리에 들어가기에 너무 길어서 it으로 대신 말해주고

주어가 길면 맨 오른쪽으로 보내고 그 자리에 대신 it을 써줘요.
<u>진짜 주어가 아니니까 해석하지 않고 그것이라고도 하면 안돼요.</u>

That we change our schedule is important.
주어가 너무 길고 구구절절 길어 짜증나요.
So가 주어를 써주자 해서
It is important that we change our schedule이라고 말해요.
이렇게 It은 가주어로 쓰이는 경우가 정말 많기 때문에 it – that 강조 구문이 탄생했어요.

That he is liar is   true.
     주어   동사 보어
그가 거짓말쟁이 인 것은 사실이다.
주어가 너무 길어서 맨 오른쪽으로 보내고 It을 가짜 주어로 써줘요.
<u>It 해석하면 안돼요.</u>

It is true that he is a liar.
It은 가주어 뒤 that은 진짜 주어니까 진주어.

That he is late for school is common.
진주어

It is common that he is late for school.
가짜 그가 학교에 늦는 거 흔한 일이다.

That she is smart is clear.
It is clear that she is smart.

명사절에서 that 이하가 목적어 역할을 할 때 that을 생략할 수 있어요.
- 명사절을 만드는 의문사나 if, whether은 어느 경우도 생략할 수 없어요.
→   I don't know if   / whether he likes pizza.
      나는 그가 피자를 좋아하는지 아닌지 모른다.
- I'm sure (that) I won't like him at all.
  sure과 I 사이에 that을 생략해도 돼요.
- 보어나 목적어를 이끄는 접속사 that은 흔히 생략하는데, 문장의
  이해에 전혀 지장을 주지 않으므로 생략해요.
- 접속사 that 생략할 수 있는 경우는 목적절을 이끄는 경우예요.
- 그러나 특정한 동사 뒤에는 생략이 가능하기도, 안 되기도 해요.
- 직접적인 주어가 된 접속사 that 생략하면 안돼요.
- 문장에서는 주어는 생략할 수 없기 때문이에요.

I believe <that> he is right. 생략가능

I hope <that> you will hare a good time.

The truth is that the earth is round. <묶어서 보어 역할> that 생략하면 안돼요.

She is pretty.   그녀는 예쁘다.
주어 동사 보어

→ I think <that> she is pretty.   생략 가능해요.

관계 대명사가 주어+동사+목적어를 묶어서 함께 사용해요.
문장 앞에 주어가 사람일 경우는 that을 who로 바꿀 수 있어요.
<that, who, which>

● People that have free time.
→ People who have free time.

● People that can understand, Please pay attention.
→ People who can't speak English, Please pay attention.
관계대명사 앞에 있는 명사는 선행사라고 해요.
앞에 있다는 뜻으로 붙여진 이름이에요.

the book.   the book that I bought.
<그냥> 책   내가 구입한 책

명사 ← 관계 대명사 ← 주어+동사+목적어

● 관계 대명사가 주어+동사+목적어를 묶어서 명사를 꾸며줘요.
● 그래서 관계대명사 속에는 주어+동사+목적어 가 있어요.
● 대명사는 명사 <주어나 목적어>가 들어있어요.

The man + I saw the man 나는 그 남자를 보았다.
명사 <선행사> 주어 동사 목적어

the man that I saw 내가 본 남자
saw 다음에 the man이 that 안에 들어 있어요.

The movie that was boring.
지루했던 영화.

» 주어를 대신해서 관계 대명사에 들어가면 주격대명사 라고 해요.

주격 관계대명사는 who, which, that을 사용해요.

사람은 who, 사물이나 동물은 which, that을 사용해요.

그리고 공통적으로 <모든 선행사> that을 사용해요.

어떤 때는 <u>동물도 가족처럼 표현할 땐 who 사용해요.</u>

which 앞에는 반드시 콤마, 가 와요.

주격 대명사가 주어 자리에 있으면 대문자로 써요.

    He's cute in the movie.   영화에서 그는 귀엽게 나온다.

    It is good for his image.   그것은 그의 이미지에 좋다.

위에 두 문장을 which 관계대명사를 넣어 연결 해봐요.

- He's cute in the movie, <u>which</u> is good for his image.

➡ 영화에서 그가 귀엽게 비추는데, 그의 이미지에 도움이 된다.

- I want a room. + It has a restroom.

➡ I want a room <u>that</u> has a restroom.

                (which)

- This is my car. + It was made in Korea.

➡ This is my car, which was made in Korea.

    이것은 내 차인데, 한국에서 만들어졌다.

- The girl + The girl visited me.   The girl ← that visited me

    소녀   그 소녀가 나를 방문했어요.   <u>주어 the girl이 빠지고 that으로</u>

                                        이처럼 관계대명사 that은 어디든 쓸 수 있어요.

» 선행사 that who(m) which 목적어가 빠져서
관계대명사에 들어가면 목적격 관계대명사라고 불러요.

the man 남자. I know the man 나는 그 남자를 안다.

The man that I know

내가 아는 그 남자 → 목적어 the man이 빠지고 that이

선행사	주격 관계 대명사	목적격 관계 대명사 <목적어가 빠진경우>	소유격 관계대명사 <소유격이 빠진경우>
사람	who that	who whom that	whose of which
동물이나 사물 나머지	which that	which that	

a friend 친구   +   his parents are rich

그의 부모님이 부자이다.

소유격 his가 빠지고 whose가 들어감.

a friend whose parents are rich.

부모님이 부자인 친구

I like the food which you made.

나는 니가 만든 그 음식을 좋아한다.

관계 부사는 장소 where, 시간 when, 이유 why, 방법 how가 있어요.

● 관계 부사 where는 주어 + 동사 + 목적어 + (장소부사)를 묶어서 함께 명사를 꾸며줘.

● 관계부사 다음에 주어+목적어+소유격은 그 자리에 있고 부사가 없어져요.

● 관계부사 안에는 연결하는 말 접속사와 장소부사 전치사 + 장소가 들어있어요.

The house   +   I live in the house.

집   나는 그 집에 산다.

→ The house where I live → 내가 사는 집

장소부사 in the house가 빠지고 where이 들어감.

중요 : 장소, 방법, 시간 부사가 겹쳐 나오면 장, 방, 시

- 자동사이면 동사 뒤, 타동사이면 목적어 뒤예요.
- 자동사는 목적어가 없다는 말이고, 타동사는 목적어 있다는 말이에요.

  중요 : 장소, 방법, 시간 부사가 겹쳐 나오면 장, 방, 시

- I went to Seocheon where I stayed for 3years.

  나는 3년 동안 거주했던 서천에 갔다.

- That's where I worked.

  내가 일했던 곳이 그곳이다.

- This is the place where I was born.

  이곳은 내가 태어났던 장소이다.

» 관계부사 how는 the way와 사용 안해요.

This is the way how I learn English   안돼요.

→ This is the way I learn English   또는

→ This is how I learn English   로 해요.

관계부사 밑에 참고해요.

- 시간 when   +   주어+동사 :   ~하는 때
- 장소 where   +   주어+동사 :   ~하는 장소
- 이유 why   +   주어+동사 :   ~하는 이유
- 방법 how   +   주어+동사 :   ~하는 방법

  으로 사용하고 the way와 how 둘 중 하나만 써요.

<u>관계부사는 when 뿐 아니라 where, why, how 모두 생략할 수 있어요.</u>

the reason   +   I learn English for the reason.

이유 　　　　　　　　나는 그 이유로 영어를 배운다.

➡ the reason why I learn English.

내가 영어를 배우는 이유 (이유 부사)가 빠지고 why

I like it. 　　　+　　　I lost weight.

나는 그거 좋아 　　　　　나는 살이 빠진다.

➡ I like it when I lost weight.

I don't know how I solve the problem.

That is the reason why I don't like her.

» be동사와 ing이 합쳐지면 진행형이 돼요.

동사에 ing이 붙여지면 동사가 아니예요.

현재 진행형	am	are	is	+	studying
과거 진행형	was	were		+	studying

ing의 차이점

I study. 　　　　　　나는 공부해요. 　　　　　　<습관적일 것>

I am studying. 　　　나는 공부하는 중이에요.

I was studying. 　　나는 공부하는 중이었어요.

현재 진행형이 미래를 나타내는 때도 있어요.

I studied. 　　　　　나는 공부했다. 　　　　　<오래 지속된 상황>

I read English books.

I am reading an English books.

I am reading English books.

● 현재 진행형이나 과거 진행형은 순간적일 상황을 표현해요.

● 현재나 과거형은 오래 지속된 상황을 표현해요.

Are you going home?

Is she studying English now?

I waited while you were sleeping.

니가 자고 있는 동안 나는 기다렸어.

The baby is sleeping at the moment.

» be동사와 ed가 <과거분사>가 합쳐지면 수동태가 돼요.

● 그러나 목적어가 없으면 수동태가 되지 않아요.

　be동사와 p.p가 합쳐지면 수동태가 돼요.

● 수동태　　My homework was finished by me.

　　　　　나의 숙제는 나의 의해서 끝마쳐졌다.

● 능동태　　I finished my homework.

　　　　　나는 나의 숙제를 끝냈다.

조동사가 있으면 "조동사 + be + p.p 또는 by"로 해요.

　　　　　과거 분사를 p.p라고 칭해요.

　　　　　by는 ~에 의해서 라는 말이에요.

　　　　　It could be dream by me.　　　　　It was painted by me.

　　　　　그것은 나의 의해서 그려지게 할 수 있었어요.　그것은 나의 의해서 그렸어요.

　　　　　수동태는 주어 be p.p by가 기본이에요.

● 능동태는 동작을 주거나 하는 거예요.

　　　　　I love Kyungmin.

　　　　　나는 경민을 사랑해요.　　　　　　　<내가 경민에게 줘요.>

● 수동태는 주어가 동작을 받는 경우예요.

　　　　　KyungMin is loved by me.　　　　Kyungmin learns skating.

　　　　　경민은 나의 의해 사랑을 받아요.　　경민은 스케이트를 나에 의해 배워요.

　　　　　다시 말해 수동태는 주어가 "~다"가 아니라 주어가 "~를 했다,""~가 됐다" 등

　　　　　수동적인 동작의 영향을 받거나 당할 때 사용해요.

　　　　　I wrote a letter.

　　　　　나는 편지를 썼다.　　　➡　　　나는 I가 편지를 letter를 wrote 썼다.

　　　　　즉, 주어가 당한 것이 아니고 무엇인가 했다.　능동태의 문장이라는 거예요.

● 능동태의 문장을 수동태로 바꿀 수도 있어요.

A letter was written by me.

편지는 나에 의해 쓰여 졌다.

주어인 I가 "~을 하다."가 아니라 "~을 당했다." 라는 뜻으로 바뀌었어요.

1. 수동태를 만들려면 : 능동태의 문장의 목적어가 주어가 되고 동사는 be동사+과거분사로 해요.

2. 능동태 문장에서 주어를 나타내야 할 때 by+목적격으로 해요.

3. 부정문은 be동사나 조동사 뒤에 not을 써요.

4. 의문문은 be동사를 주어 앞에 써요. 또 의문사 의문문일 때는 의문사를 문장 맨 앞에 써요.

● She made a toy.   ▷ 능동태

그녀가 장난감을 만들었다.

● A toy was made by her   ▷ 수동태

장난감이 그녀에 의해 만들어졌다.

have와 <p.p>ed가 합쳐지면 현재완료예요.

● 현재완료는 과거에 속해요.

● have(has)+과거분사

과거의 일이 현재까지 영향을 미쳐 현재와 관련이 있을 때 사용해요.

● I have seen the singer before.

나는 그 가수를 전에 본 적이 있다.

● 과거부터 현재시점 사이의 한 시점에서 본 적이 있어요.

Kyungmin has stayed in my roomfor two months.

경민은 내 방에 2달 째 머물렀다.

● I knew English.   ▷ 과거   I have known English.   ▷ 과거부터 지금까지 쭉

나는 영어를 알았다.   나는 영어를 알아왔다.

I have just called my friends.

나는 내 친구들에게 막 전화를 했다.

She has leared English for 3years.   ▷ 계속

그녀는 3년 동안 영어를 배워왔다.

- 현재 완료는 계속과 완료, 경험, 결과 있어요.
  현재나 과거는 작다면, 현재완료는 커요.

- Wooju has lived in the apartment.
  우주는 10년동안 그 아파트에서 살아왔다.

- I have finished my homework.
  나는 나의 숙제를 막 끝냈다   ▷ 완료

현재완료 부사어구	▷ 완료	just 방금, 막	already 이미, 벌써	yet 아직도	<부정문>
	▷ 경험	ever 긍정	never 부정	once 한 번	twice 두 번
		three times 세 번	often 종종	sometimes 때때로	before 전에

- He has been to paris.
  ~에 다녀왔다.   ▷ 경험

- I have seen a tiger.
  나는 호랑이를 본적이 있다.   ▷ 경험

과거부터 지금까지 사이에 본 경험을 뜻해요.

- I saw a tiger.
  나는 호랑이를 봤다.   봤다는 것만 얘기했지 언제 봤는지 몰라요.

- I went to Busan last summer.
  나는 부산에 갔다.   작년 여름에 라고만 했지 지금 어디 있는지 파악이 불가.

- 현재완료의 부사어구. 결과
  for+시간   since + 과거   in(for), the past(last) 시간   lately   sofar
  sofar   until now   up to now
  과거에 일어난 일 + 현재의 상태 결과는 과거의 일어난 일의 결과가 지금도 남아 있어요.

- She has come back home.

  그녀는 집에 들어왔다.

- I lost my key.

  나는 열쇠를 잃어 버렸다.

  찾았는지 알 수 없는 그냥 과거 시제예요.

- She went to America.

  그녀는 미국에 갔다.

→ She came back and is at home now.

  그녀는 집에 돌아와서 지금 집에 있다.

→ Have lost my key.

  나는 열쇠를 잃어버린 적이 있다.

  지금도 여전히 못 찾고 있는 거예요.

  + yesterday 가능하지 않아요.

→ She has been to America.

  그녀는 미국에 가 본적 있다.

  <u>had 동사와 ed가 합쳐 과거 완료가 돼요.</u>

  p.p

She had been sick for two weeks.

그녀는 2주 동안 앓아 왔었다.

<u>have나 has는 현재이므로 "있다."로 해석하고</u>

과거완료의 had는 "과거"이므로 "있었다."로 해석해요.

현재완료와 과거완료 구분이에요.

- I lost my key.   → Have lost my key.

- I have eaten a piece of pizza for lunch.   → I had eaten a piece of pizza for lunch.

  나는 먹은 상태임 피자 한 조각을   점심으로   나는 먹은 상태에 있었다 피자 한 조각을 점심으로

- 현재완료에 있던 4가지에 한 개가 더 있는 과거완료

→ 계속, 완료, 경험, 결과 (대과거)

  대과거는 과거 완료에만 있어요.

1. She had learened English for 3years.

   그녀는 3년 동안 영어공부를 해 왔었다.   ▹ 계속

2. I had finished my homework.

   나는 나의 숙제를 끝마쳤었다.   ▹ 완료

3. I had met her three times.

나는 그녀를 3번이나 만났었다.   ▹ 경험

4. I had lost my key.

나는 내 키를 잃어버렸다.   ▹ 결과

과거보다 이전에 일이 과거에 영향을 미치는 경우가 크다.

5. 대과거 : 기준이 되는 과거 어느 시점보다 먼저 일어난 일

내가 시계를 판 것   과거

내가 시계를 산 것   기준 <시계를 산 것> 보다 먼저 일어난 일.

● Bought a watch and sold it the next day.

나는 시계를 샀다 그리고 다음날 그것을 팔았다.

→ Sold the watch which I had bought the previous day.

나는 시계를 팔았다 (the watch) 네가 전 날 샀던

전후 관계가 분명하기 때문에 had p.p 대신 과거 시제 사용가능

● She had left before her mom got there.

그녀는 자리를 떠났다. 그녀 엄마가 그곳에 도착하기 전에

I had played basketball for two hours.

나는 2시간 동안 농구를 하고 놀았었다.

He had not seen his mother.

그는 그의 어머니를 본 적이 없었었다

» 주어와 동사를 when이나 as 등으로 묶어 시간이나 이유를 나타내는 부사절이 돼요.

명사절 :   I'll see you when you come back.

I don't know when the meeting starts.
나는 회의가 언제 시작할지를 모른다.   ~를<목적어>

형용사절 : I don't know the time when the meeting start.
나는 회의할 시간을 모른다.

시간이나 이유 등을 나타내면서 동사를 꾸며주면 부사절이 돼요.

● 시간을 나타내는 부사절
I snore when I sleep
나는 잠잘 때 코를 곤다.   동사 수식

● 이유를 나타내는 부사절
As she is sick, she can't come.
그녀는 아프기 때문에, 올 수 없다.   동사 수식
부사절 앞으로 나올 경우, 부사절 뒤에 꼭 콤마, 를 찍어야 해요.

When i sleep, i snore.
나는 잘 때 코를 곤다.

When he came back, i was happy.
그가 돌아왔을 때 나는 기뻤다.

» 주어와 동사를 thought 나 if 등으로 묶어 양보나 조건을 나타내는 부사절이 돼요.

~지만 (양보) 이나 만약 ~ 라면 (조건) 비록 ~ 이지만을 나타내면서 동사를 꾸며주면 부사절이 돼요.

If i call your name,   answer the question

내가 네 이름을 부르면,   질문에 대답하라   (조건)

You will get wet,   if you go out now.

너는 젖을 것이다   네가 지금 나간다면   (조건)

조건을 나타내는 부사절에서는 미래의 의미라도 현재형을 써야한다.

Though he lied to me, i can for give him.

그가 나에게 거짓말을 했지만, 나는 그를 용서 할 수 있다.   (조건)

I did my best though I don't like to do it.
                           동사를 수식

나는 그것 하는 것을 좋아 하지 않았지만, 최선을 다했다.   (양보)

Though he made much money, he was not happy.

그는 돈을 많이 벌었지만 행복하지 않았다

Though he is old, he is still healthy

그는 늙었지만 여전히 건강하다.

I like wooju although, she has many faults.

그녀가 결점이 많지만 나는 우주 나를 좋아한다.

Though seocheon is a small city, I like seocheon.

서천은 작은 도시일지라도 나는 서천을 좋아한다.

» 가정법 과거에는 현재나 미래 사실에 반대하는 것이에요.

과거 동사와 과거 조동사를 써요.

- 가정법 과거에 be동사가 나오면 주어와 관계없이 were를 써요.
- 조동사 뒤에는 항상 동사 원형이 와요.
- 가정법 과거라는 말은 동사가 과거라는 거예요.
- 하지만 뜻은 과거가 아니고, 현재나 미래의 뜻이에요.
- 즉 현재나 미래의 사실에 반대되는 뜻이 들어 있어요.

  if you studied harder, you would get a better grade.   가정법 과거

  니가 더 열심히 공부한다면, 보다 더 좋은 점수를 얻을 텐데.

  (현재나 미래의 가능성이 없어 보일 때) 안타까워 하는 말이에요.

→ If I were free today, I would join you.

  나는 오늘 시간이 없다는 뜻이 숨어있으니 가정법과거. 만약 + 반대의 의미도 포함돼요.

→ If i'm free tomorrow, i will join you

  내가 내일 시간이 있으면 너와 함께 할게.   (조건문)

  내일 시간이 날수도 있다 는 뜻) 만약 이라는 뜻에만 해당돼요.

→ If the bus comes late, I will take a taxi.

  만약 버스가 늦게 온다면, 택시를 탈것이다.   (조건문)

가정법 과거 : if 주어 + 과거동사 ~, 주어 + 과거조동사 + 동사원형

  if I were rich, I would be happy
        과거동사   과거 조동사

→ if I were a bird, I could fly to you
      과거동사

  만약 내가 새라면 , 너에게 날아 갈 텐데.

→ if I were you, I would be happy.

  만약 내가 너라면 행복 할 텐데.

가정법의 공식

- if + 주어 + 동사의 과거형 (be 동사는 were) ~ 만일 ~ (내가) 라면 이라고 해석해요.

- 주어 + would · could · might + 동사원형 은 ~ 할 텐데, 라고 해석 해요.

- 주어 + would · could · might + 동사원형 은 ~ 할 텐데, 라고 해석 해요.

- 가정법 과거의 핵심은 문장 앞에 if를 써야 해요.

- If I knew your e-mail address, I would send the file to you.

  내가 너의 이 메일 주소를 안다면, 너한테 파일을 보낼 텐데.

  If I 뒤에 know 의 과거형 knew를 사용해요.

» 부사절 가정법 완료.

가정법완료 : 과거 사실반대.

If 주어 + had p.p ~, 주어 + 과거 조동사 have p.p

  If I had loved you, I would have married you.

  내가 너를 사랑했었다면, 내가 너와 결혼 했었을 텐데.   (사랑하지 않아 결혼 안했음)

앞서 ~ 했다면, 앞서 ~ 했을 것이다. 의미예요.

  If I had been rich, I could have bought you a car.

If 에 not 을 넣으려면 had not p.p 를 써요.

- 현재나 미래 사실을 반대   가정법 완료

- 과거 사실을 반대   가정법 과거완료

- 과거 동사와 과거 조동사를 사용   가정법과거

- had p.p 와 과거 조동사 have p.p를 사용   가정법 과거 완료

  If I had gotten up early, I would not have missed the train.

  만약 내가 일찍 일어났더라면. 기차를 놓치지 않았을 텐데.

» 부사절을 줄이려면 접속사와 주어를 지우고 동사 원형에 ing을 붙여요.

부사절을 줄이면 분사구문이라고 표현해요.

부사절과 똑같은데 형태만 줄였어요. 접속사 와 주어를 지우고 동사에 ing을 붙여요.

부사구문 만드는 법 밑에 참조해요.

1. if you turn to the tight.　　　　　you will find the post office.

2. if turning to the right.　　　　　you will find the post office.

3. turning to the right.　　　　　　you will find the post office.

먼저 종속절에 주어와 주절의 주어가 같은지 확인하고, 둘 다 주어가 you 네요.

그래서 종속절 주어를 생략해주었어요.

중속절의 turn을 동사원형 + ing 형태의 turning 으로 바꿔 주었어요.

분사구문의 부정문은

　As I didn't know what to say, I kept silent.

　나는 몰랐기 때문에 뭐라고 말해야 할지를.　나는 조용히 있었다.

➡ Not knowing what to say, I kept silent.

　분사 바로 앞에 not 를 붙여요.

중속절 주어가 I 니까 I 는 생략하고 동사를 동사원형 ing

knowing 로 바꿔주면 did 조동사는 필요 없어요.

접속사가 생략이 되어 있을 때에는 원래 접속사를 짐작으로 해서 해석돼요.

　Making much money, he was not happy.

　그는 돈을 많이 벌었지만 행복하진 않다.

　Tired I studied hard

　나는 피곤했지만, 열심히 공부했다.

영문법도 훈련이다

지 은 이 노데이지

1판 1쇄 발행 2020년 01월 30일

발 행 처 하움출판사
발 행 인 문현광
편   집 조다영
주   소 전라북도 군산시 축동안3길 20, 2층(수송동)
I S B N 979-11-6440-104-8

홈페이지 http://haum.kr/
이 메 일 haum1000@naver.com

좋은 책을 만들겠습니다.
하움출판사는 독자 여러분의 의견에 항상 귀 기울이고 있습니다.

이 도서의 국립중앙도서관 출판예정도서목록(CIP)은 서지정보유통지원시스템 홈페이지(http://seoji.nl.go.kr)와
국가자료종합목록 구축시스템(http://kolis-net.nl.go.kr)에서 이용하실 수 있습니다.(CIP제어번호 : CIP2019043747)